SOPHIE FOURET

ENFANT DE MARIE

SOPHIE FOURET

OUVRIÈRE

ENFANT DE MARIE

de la paroisse Notre-Dame de Consolation.

1859-1877

> Que je suis heureuse de mourir Enfant de Marie ! *(Paroles de la défunte.)*

A LA GLOIRE DE L'IMMACULÉE MARIE

SOUVENIRS

d'une fille chrétienne, d'une excellente sœur, d'une compagne dévouée.

La jeune fille dont nous allons essayer de retracer les vertus goûte aujourd'hui, dans le sein de Dieu, la récompense due à son dévouement et à sa piété filiale.

Mais les souvenirs d'une vie si remplie de mérites, si pleine de bons exemples, ne doivent pas être perdus pour la terre, pour ses parents, pour ses amies, pour les jeunes filles de son âge et de sa condition dont elle fut la gloire. C'est ce qui a inspiré l'idée de consacrer ces quelques pages à la jeune Sophie Fouret, ouvrière, décédée à Lille, le 17 septembre 1877, à l'âge de dix-huit ans.

I

La jeune fille chrétienne.

A tous les titres, Sophie Fouret a été, depuis son enfance, un vrai modèle de piété filiale, de dévouement et d'obéissance.

Parlons d'abord de l'enfant chrétienne.

Sophie était l'aînée de sept enfants ; ses parents furent obligés de l'envoyer travailler en fabrique dès l'âge de onze ans. Jusque-là, elle n'avait presque jamais quitté sa mère, l'aidant, dans la mesure de ses faibles moyens, à soigner ses plus jeunes frères et sœurs ; aussi, savait-elle à peine lire, et ce fut avec le cœur plus qu'avec les yeux qu'elle apprit son catéchisme.

On fut édifié de la ferveur avec laquelle la

petite Sophie se préparait à recevoir pour la première fois le Dieu de tout amour à la sainte Table. On aimait à la proposer comme modèle à ses compagnes, et celles-ci regardaient avec respect et affection la timide enfant qui ornait son cœur de modestie et d'innocence, pour faire une place plus digne au Dieu de toute sainteté.

Le jour de la première communion, tant désiré par cette âme fervente, arriva enfin ; le bonheur de Sophie fut grand : Dieu seul connaît les élans d'amour, les sentiments de ferveur et de gratitude qui remplirent le cœur de la pieuse jeune fille. Chaque objet ayant servi pour ce jour devint pour elle une précieuse relique.

Depuis cette époque, Sophie ne manqua jamais à la messe du dimanche, et il fallait des motifs bien graves pour l'empêcher d'aller aux offices. Cependant, lorsque les soins de la petite famille réclamaient sa présence chez elle, ou que, pour tout autre motif, sa mère avait besoin d'elle, l'enfant renonçait à son penchant naturel, qui la portait à passer tous ses moments de loisir aux pieds des saints autels, cherchant force et consolation auprès de sa divine Mère du Ciel. Alors elle restait à la maison, se prêtant à tout, se privant de toute distraction, ne demandant jamais à sortir ; rien ne l'ennuyait ni ne la fatiguait quand il s'agissait d'être utile ou agréable à sa mère.

Lorsqu'elle parlait de ses parents, c'était toujours avec respect ; aussi verrons-nous combien sa douceur lui donna d'empire autour d'elle.

Levée dès cinq heures du matin, on voyait cette enfant de onze ans, après une courte mais fervente prière, partir pour la fabrique où elle travaillait au delà de ses forces : car la pauvre petite était bien faible. La semaine ainsi employée, elle trouvait encore, le dimanche, des forces pour aider sa mère, ne connaissant d'autre distraction que l'assistance aux offices.

Plus tard, lorsque ses jeunes frères et sœurs purent se passer d'elle, Sophie se rendait à la réunion dominicale chez les Sœurs de la Providence. Alors on la vit modèle d'assiduité, ne manquant jamais la communion du mois ; et sa dernière sortie fut pour aller à sa chère réunion. C'est là, en écoutant avec attention les instructions qui s'y faisaient, qu'elle apprenait à devenir digne d'une faveur qu'elle ambitionnait par dessus toutes les autres, celle d'être reçue Enfant de Marie.

Pour la mériter de plus en plus, jamais Sophie ne voulut mettre un ruban *voyant*, ni toilette au-dessus de sa condition. Elle plaignait les jeunes filles adonnées au luxe et aux plaisirs qui ne sont jamais permis, mais qui sont surtout à fuir pour de jeunes chrétiennes....

Enfants chrétiennes, vous aussi, vous avez fait votre première communion comme Sophie ; avez-vous conservé le pieux souvenir de ce grand jour ? A-t-il été le signal d'une vie nouvelle, de dévouement filial ? Etes-vous des enfants courageuses au travail, et après avoir contenté vos chefs d'atelier, vos patrons, vous efforcez-vous de rendre les services les plus empressés à vos parents ? Si vous agissez ainsi, soyez bénies comme Sophie l'a été et l'est encore par sa famille. Vous répandrez le bonheur autour de vous, et la sainte Vierge, comme une tendre Mère, vous aidera à supporter le travail si pénible qu'il soit.

II

L'excellente sœur.

Sophie montra dès son enfance combien elle aimait ses frères et sœurs, se privant pour eux des fruits ou petites friandises qu'on lui donnait. Recevait-elle de ses parents quelques sous, ils étaient soigneusement mis de côté pour leur faire de petits présents.

Ses parents eurent la douleur de perdre un jeune enfant de vingt-sept mois. Comment dire les soins que Sophie lui prodigua, ses précautions, ses attentions, sa tendre sollicitude et surtout sa douleur lorsque le petit ange alla la précéder au ciel!

Pendant sa propre maladie, ses petits frères et sœurs eurent souvent une grosse part aux bonbons, fruits et autres choses, que chacun était heureux d'apporter à la pauvre enfant.

Nous aimons à voir la jeune Sophie, au milieu

de sa famille, reprenant avec douceur les petites espiègleries de ses frères et sœurs, prodiguant à tous de bons conseils toujours appuyés de ses exemples, mettant le calme et la paix entre eux lorsqu'une légère discussion les divisait; et les larmes que tous versent en pensant à Sophie et à sa bonté, prouvent combien elle savait se faire aimer. En un mot, son bon cœur l'entraînait à tout sacrifier pour ceux qui l'entouraient.

III

La compagne dévouée.

Sophie était aimée de toutes ses compagnes, soit de la fabrique soit de la réunion. Comment n'aurait-on pas aimé l'aimable amie qui travaillait toujours gaiement, chantant souvent un cantique ou une bonne chanson apprise chez les Sœurs, sachant donner avec plaisir ce dont elle se privait et le faire accepter de la même manière.

Une compagne était-elle malade, Sophie s'en affligeait et se multipliait pour lui être utile. Si la mort impitoyable venait la frapper, on la voyait en tête de celles qui cherchaient à offrir une couronne à l'amie défunte, comme dernier témoignage de leur affection.

L'a-t-on jamais entendue dire du mal de ses compagnes ? Non, elle fuyait les dissipées, mais sans mépris; elle ne faisait que les plaindre et évitait de les imiter.

Souvent Sophie se privait d'une partie de son repas pour le donner à des enfants plus pauvres qu'elle ; sa charité, puisée à la source divine, s'étendait à tous.

IV

Sa maladie et sa mort.

Pauvre enfant ! bientôt elle fut mise à une plus dure épreuve.

Remplie de courage, elle s'entendit souvent

accuser de paresse ; car, malade, fatiguée de passer des nuits entières à tousser, elle sentait parfois l'accablement s'emparer de tout son être, et ses yeux se fermaient malgré elle sur son métier.

— Si vous ne pouvez travailler, lui disait-on, restez à la maison.

Mais alors elle va être une charge pour sa famille : elle redouble donc d'efforts qui ne font, hélas ! qu'aggraver son mal.

Elle crache le sang et est obligée de s'arrêter ; mais la crainte d'affliger et d'inquiéter sa mère, l'empêche de se plaindre, même de se soigner.

Après quelque temps de repos, elle se trouva mieux, et voulut reprendre le travail malgré tout ce qu'on pût lui dire.

Mais l'hiver de 1877 devait achever de tuer la pauvre enfant, et au mois d'avril elle dut quitter la fabrique pour n'y plus retourner.

Alors commence une nouvelle vie pour elle : vie de sacrifice chaque jour renouvelé, de nuits passées sans sommeil et la poitrine déchirée par une toux continuelle. Elle aidait cependant encore sa mère, faisait des commissions pour quelques personnes, ou soignait son petit frère infirme, et tout en faisant ses courses, elle récitait son chapelet. Sachant la protection dont la sainte Vierge entoure, à leurs derniers moments, ceux qui meurent avec son saint Scapulaire, elle avait voulu le recevoir au pèlerinage de sa paroisse à l'église du Sacré-Cœur. Depuis lors, son état empira rapidement. Sentant qu'elle n'avait plus que peu de temps à vivre, quelquefois elle pleurait en pensant à sa mère qui l'aimait tant et à si juste titre.

Ses seules distractions devinrent, dès lors, l'assistance aux offices, à la réunion dominicale. Parfois aussi elle écoutait la lecture de la vie des saints; et elle était tout attentive en entendant le récit des souffrances et des combats, par lesquels les élus de Dieu avaient passé avant de conquérir la couronne immortelle.

Cependant ses forces diminuaient chaque jour, elle toussait de plus en plus. Elle eut l'idée de faire une neuvaine à Notre-Dame de Lourdes. Mais la sainte Vierge, qui l'aidait à supporter son mal avec tant de patience, voulait lui donner mieux qu'une santé périssable : Elle était impatiente de lui ouvrir les portes du paradis.

Le mal augmentait toujours. Le dimanche 12 août, la jeune malade cessa d'aller à la messe et à sa chère réunion, ce qui lui arracha des larmes. Elle demanda elle-même la sainte Communion, et Monsieur le Vicaire lui donna en outre le Sacrement de l'Extrême-Onction. Un calme sensible s'ensuivit, comme il arrive toujours. La divine visite l'avait consolée et fortifiée.

Chacune de ses longues et douloureuses crises lui paraissait devoir être la dernière; elle demandait alors que l'on récitât les prières des agonisants et qu'on appelât à son secours notre divin Sauveur et la très-sainte Vierge. Ses étouffements lui causaient des souffrances affreuses; mais, aussitôt qu'un instant de calme lui était rendu, elle s'empressait de sourire à sa mère et aux personnes qui la soignaient.

A cause de sa maigreur effrayante, en la replaçant dans le lit, on lui faisait mal; elle le disait, mais en souriant. Ceux qui savent combien la maladie rend exigeant et difficile, apprécieront cette extrême douceur. Sa bouche, sa gorge, sa poitrine ne formaient qu'une plaie; elle ne pouvait à peu près plus rien prendre et fut même plusieurs jours presque sans voir, sans parler, sans entendre, si ce n'est avec peine. Au plus fort de la douleur, la jeune malade jetait les yeux sur le crucifix, et unissant ses souffrances à celles de son divin Maître, elle les offrait au Père céleste en expiation de ses fautes.

Le dimanche, elle avait eu la joie de voir son parrain, et elle désirait recevoir une dernière fois la visite de sa marraine, consolation qui lui fut accordée le lendemain.

Le soir, une crise plus violente encore que les précédentes fit craindre le dernier moment. Monsieur le Vicaire, appelé en toute hâte, lui donna l'absolution; et, la crise se calmant, il promit à Sophie que son plus cher désir serait satisfait, qu'il la recevrait Enfant de Marie, si le bon Dieu prolongeait sa vie jusqu'au lendemain matin.

Il serait difficile de dire et la pieuse impatience de Sophie en attendant ce moment, et sa joie quand il fut arrivé.

Elle répondit aux prières de la réception aussi clairement qu'elle le put, fit poser sa médaille, attachée à un large ruban bleu, aux pieds de son lit, et la regardant de temps en temps elle la montrait aux personnes qui venaient la voir. La pauvre enfant était heureuse et fière de ce titre si doux qui lui donnait pour mère la Mère même de son Dieu.

Le soir, lorsqu'elle s'était sentie si mal, elle avait fait demander son père et lui avait recommandé sa mère; elle ne s'était calmée qu'après avoir reçu de sa bouche, avec sa bénédiction et ses embrassements, l'assurance qu'elle avait toujours été *une bonne fille*. Elle fit de même venir toutes les personnes qui avaient pu ne pas être satisfaites d'elle, afin de les embrasser et de leur demander pardon des peines qu'elle croyait leur avoir causées. Sachant qu'une personne avait de l'aigreur contre ses parents, elle l'appela pour lui faire promettre de tout oublier.

Dévouée jusqu'à la fin, lui apportait-on quelques friandises, Sophie y goûtait, puis les partageait avec sa mère qu'elle forçait d'accepter, ou avec ses petits frères et sœurs.

Si on ne pouvait lui procurer tout de suite un fruit, un gâteau qu'elle avait désiré, sans témoigner d'impatience, elle recommandait qu'on ne se dérangeât pas pour elle.

Craignant de fatiguer les personnes qui la soignaient, elle les suppliait d'aller se reposer.

Les Sœurs de la Providence avaient eu la bonté de venir quelquefois la consoler. Sophie en était bien heureuse, et demandait souvent la chère sœur Supérieure, qu'elle ne voyait jamais assez à son gré.

Toutes ses amies venaient aux heures que le travail leur laissait libres ; Sophie leur souriait quand le mal lui enlevait la parole : elles cependant ne pouvaient retenir leurs larmes en voyant les souffrances de leur pauvre compagne.

L'arrivée du prêtre était toujours pour elle une joie ; c'est que, en lui montrant le ciel et sa divine Mère qui l'attendait pour la couronner, Monsieur le Vicaire lui donnait un nouveau courage pour supporter ses souffrances.

Une seconde fois, notre divin Sauveur vint par la sainte Communion visiter sa fidèle servante.

Elle avait mis, ce jour là, sa médaille, et attendait depuis le matin cette si consolante visite.

Toute la nuit, elle avait demandé l'heure, impatiente de voir arriver son Dieu. Cette nuit-là, comme toutes les autres, à sa demande, on avait récité le chapelet près de son lit, car elle ne pouvait plus faire que de courtes prières entrecoupées.

La jeune malade avait le pressentiment que cette visite de son Dieu serait la dernière; elle sentait que bientôt les liens qui l'attachaient encore à la vie allaient se briser, et que son âme devait s'envoler vers la céleste patrie. Aussi se préparait-elle avec plus de ferveur que jamais à recevoir le Dieu qui l'avait tant consolée dans ses douleurs. Lorsqu'elle aperçut le saint Viatique qu'on lui apportait, ses forces semblèrent se ranimer, son visage s'enflamma, et l'ardeur de sa foi se peignit dans ses yeux. Elle les tourna vers Jésus-Christ, et, s'étant mise sur son séant, afin de le recevoir avec un plus grand honneur, elle laissa échapper de son cœur les plus tendres élans de ferveur et d'amour.

Le dimanche 16 septembre, elle reçut encore la visite de quelques amies, et Sophie fut calme, mais le soir elle se sentit beaucoup plus mal. A onze heures, elle demanda encore qu'on lui récitât le chapelet; à chaque *Gloria Patri*, elle inclinait pieusement la tête, s'unissant ainsi à la prière qui montait au ciel pour dire à la sainte Vierge ses souffrances et son amour. A la fin, elle fit le signe de la croix.....

Tout à coup ses yeux s'agrandissent, et elle demande d'une voix entrecoupée ce qu'elle sent d'extraordinaire dans sa poitrine. C'était la crise dernière, les douleurs de l'agonie ne la quittèrent plus. Elle voulait voir jusqu'à la fin près d'elle son père et sa mère.

Le lundi à huit heures, Monsieur le Vicaire vint une dernière fois consoler et fortifier la chère enfant qui donnait un si grand exemple de résignation et de piété; elle lui promit de prier pour lui, pour sa famille, pour les chères Sœurs, pour les personnes qui la soignaient et pour ses compagnes.

A dix heures, elle appelait sa mère, la pressait une dernière fois contre son cœur, puis elle passait de ses bras dans ceux de sa Mère du Ciel, qui la présentait, ornée de ses vertus et de ses souffrances comme de précieux joyaux, au céleste fiancé des vierges. Jésus, à son tour, posait sur sa tête la couronne réservée aux enfants qui furent comme elle, bonnes, pieuses, courageuses, sages et dévouées.

V

Les obsèques.

Que dire maintenant de ses obsèques ? Pendant sa maladie, chacun en particulier lui avait témoigné une vive sympathie. Mais, à la nouvelle de sa mort, ce fut une douleur générale. Toutes les ouvrières, surtout ses compagnes, vinrent prier près de son corps, et contempler une dernière fois ses traits si doux, auxquels la souffrance n'avait pu ôter ce calme que donne une bonne conscience ; la pieuse enfant semblait dormir en souriant. Elle souriait, en effet, du haut du ciel à ses parents et à ses amies.

Les chères Sœurs et les Enfants de Marie voulurent donner à la pieuse enfant la récompense possible en disposant, pour la recevoir, une chapelle ardente; et ce fut aux pieds d'une statue de Notre-Dame de Lourdes, entourée de fleurs et de lumières, sous les couronnes offertes par des mains généreuses et par ses compagnes de la fabrique, que le corps de Sophie attendit les dernières prières.

Que les pensées qui se pressaient alors dans nos cœurs étaient douces! Quelles consolations pour sa mère et pour sa famille! Oui, cette cérémonie toujours si triste de l'enterrement perdait toute son horreur. Elle se changeait en un cortége triomphal pour la jeune chrétienne pure et modeste dont la vie pauvre, humble, laborieuse, faisait place dès lors à un bonheur sans fin.

De jeunes filles en voiles blancs, des Enfants de Marie, portant la bannière de la sainte Vierge et dirigées par les chères Sœurs, vinrent chercher Sophie.

L'une d'elles devait porter devant le corps le nom de Sophie attaché à une croix ornée de marguerites offertes par un brave jardinier.

Le cercueil richement orné, entouré d'enfants

pieuses et sages, seul cortége digne d'elle, fut porté à l'église.

Après une messe solennelle, Monsieur le Vicaire, qui l'avait souvent consolée sur son lit de douleur, lui donna du fond du cœur une dernière bénédiction.

Monsieur le Curé de Notre-Dame de Consolation voulut à son tour payer un tribut d'éloges à la vertueuse ouvrière, souhaitant à toutes les jeunes filles d'être pures comme Sophie, pour mériter ces hommages publics et cette parure virginale d'une Enfant de Marie.

Il montra la force que donne la pratique de notre sainte Religion au cœur d'une jeune fille. « Combien il serait à souhaiter, dit-il, que toutes les enfants obligées de travailler fussent pénétrées de la pensée que Dieu les voit. Elles accompliraient plus facilement leurs pénibles travaux, car le bon Maître leur donnerait force et courage. La crainte d'offenser Dieu, le désir de lui plaire en feraient de bonnes ouvrières.

» Alors la tâche des surveillants serait allégée, l'ouvrage mieux fait, le travail moins pénible et méritoire devant Dieu. »

Les dignes patrons de Sophie, Messieurs Crépy, ont voulu témoigner hautement leur sollicitude pour leurs ouvriers, et le cas qu'ils font de ceux qui accomplissent bien leur devoir, en accompagnant jusqu'à sa dernière demeure, les restes mortels de la jeune ouvrière.

Ses autres chefs ne lui témoignèrent pas moins d'estime. Le directeur de la fabrique et le surveillant de l'atelier de Sophie sont venus voir la jeune fille malade qui donnait de si beaux exemples.

Quant à l'affection de ses compagnes, on a déjà pu l'apprécier; elles s'étaient cotisées pendant sa maladie pour lui venir en aide, puis, à sa mort, pour lui offrir une couronne, et enfin, se sont jointes aux jeunes filles de la paroisse pour faire célébrer un obit.

Ainsi mourut à dix-huit ans, le jour de sa fête patronale, cette véritable Enfant de Marie. Ainsi fut-elle conduite au milieu des regrets de toutes ses compagnes à sa dernière demeure, où elle attend dans la paix des élus le grand jour de la résurrection de la chair.

Sur le passage du cortége, la foule se pressait, et chacun pouvait se demander quelle opulente jeune fille était l'objet de ce splendide convoi.

Elle est riche en effet et elle le fera sentir à sa famille, à ses compagnes, à tous ceux qu'elle a aimés, en répandant sur eux les trésors de la Reine du Ciel dont elle partage désormais la gloire.

A nous maintenant d'imiter sa vie pour mériter sa belle mort et son bonheur céleste.

Bénie soit la sainte et immaculée Conception de la bienheureuse Vierge Marie. (100 *jours d'indulgence.*)

— Typ. Lefort, 1877 —

www.ingramcontent.com/pod-product-compliance
Lightning Source LLC
Chambersburg PA
CBHW060901050426
42453CB00011B/2063